ANIMALES AFRICANOS

LAS CEBRAS

por Mary Ellen Klukow

AMICUS | AMICUS INK

rayas

dientes

Busca estas palabras e imágenes mientras lees.

orejas

pezuña

¿Ese es
un caballo? ¡No!
Es una cebra.

Las cebras comen hierbas altas.
Viajan para buscar hierba fresca.

Mira las rayas. Las cebras bebé tienen rayas marrones. Se vuelven negras después de un año.

rayas

dientes

Mira los dientes.
Nunca dejan de crecer.

orejas

Mira las orejas. Las cebras oyen mejor que tú. Escuchan para ver si vienen sus enemigos.

pezuña

Mira la pezuña. Es dura.
Las cebras patean
a sus enemigos.

Las cebras viven juntas en
una manada. Se cuidan entre sí.

rayas

dientes

¿Lo encontraste?

orejas

pezuña

Spot es una publicación Amicus y Amicus Ink
P.O. Box 227, Mankato, MN 56002
www.amicuspublishing.us

Library of Congress Cataloging-in-Publication Data
Title: Los cebras / by Mary Ellen Klukow.
Other titles: Zebras. Spanish
Description: Mankato, Minnesota : Amicus, [2020] | Series: Spot. Animales africanos | Audience: Age 7. | Audience: K to Grade 3. | Includes bibliographical references and index. |
Identifiers: LCCN 2018054542 (print) | LCCN 2018055691 (ebook) | ISBN 9781681519081 (eBook) | ISBN 9781681518824 (hardcover : alk. paper)
Subjects: LCSH: Zebras–Africa–Juvenile literature.
Classification: LCC QL737.U62 (ebook) | LCC QL737.U62 K5818 2020 (print) | DDC 599.665/7–dc23
LC record available at https://lccn.loc.gov/2018054542

Wendy Dieker y Alissa Thielges, editoras
Deb Miner, diseñador de la serie
Ciara Beitlich, diseñador de libro
Holly Young, investigación fotográfica

Créditos de Imágenes: Shutterstock/Volodymyr Burdiak Cover; Shutterstock/Anan Kaewkhammul 1; iStock/Leamus 3; iStock/jocrebbin 4–5; Shutterstock/Sheila Fitzgerald 6–7; Shutterstock/Michael Potter11 8–9; iStock/bazilfoto 10–11; Getty/Paul Souders 12–13; WikiCommons/Bernard DUPONT 14